Entre ficar e ir: renascer

Catalogação na Fonte
Elaborado por: Josefina A. S. Guedes
Bibliotecária CRB 9/870

R696e 2021

Rodrigues, Walace
Entre ficar e ir: renascer / Walace Rodrigues.
- 1. ed. - Curitiba: Appris, 2021.
91 p. ; 21 cm.

ISBN 978-65-250-0812-7

1. Poesia brasileira. I. Título. II. Série.

CDD – 869.1

Livro de acordo com a normalização técnica da ABNT

Appris editora

Editora e Livraria Appris Ltda.
Av. Manoel Ribas, 2265 – Mercês
Curitiba/PR – CEP: 80810-002
Tel. (41) 3156 - 4731
www.editoraappris.com.br

Printed in Brazil
Impresso no Brasil

Walace Rodrigues

Entre ficar e ir: renascer

FICHA TÉCNICA

EDITORIAL	Augusto V. de A. Coelho Marli Caetano Sara C. de Andrade Coelho
COMITÊ EDITORIAL	Andréa Barbosa Gouveia (UFPR) Jacques de Lima Ferreira (UP) Marilda Aparecida Behrens (PUCPR) Ana El Achkar (UNIVERSO/RJ) Conrado Moreira Mendes (PUC-MG) Eliete Correia dos Santos (UEPB) Fabiano Santos (UERJ/IESP) Francinete Fernandes de Sousa (UEPB) Francisco Carlos Duarte (PUCPR) Francisco de Assis (Fiam-Faam, SP, Brasil) Juliana Reichert Assunção Tonelli (UEL) Maria Aparecida Barbosa (USP) Maria Helena Zamora (PUC-Rio) Maria Margarida de Andrade (Umack) Roque Ismael da Costa Güllich (UFFS) Toni Reis (UFPR) Valdomiro de Oliveira (UFPR) Valério Brusamolin (IFPR)
ASSESSORIA EDITORIAL	Cibele Bastos
REVISÃO	Isabela do Vale Poncio
PRODUÇÃO EDITORIAL	Rebeca Nicodemo
DIAGRAMAÇÃO	Daniela Baumguertner
CAPA	Eneo Lage
COMUNICAÇÃO	Carlos Eduardo Pereira Débora Nazário Kananda Ferreira Karla Pipolo Olegário
LIVRARIAS E EVENTOS	Estevão Misael
GERÊNCIA DE FINANÇAS	Selma Maria Fernandes do Valle
COORDENADORA COMERCIAL	Silvana Vicente

Apresentação

Neste livro, coloquei alguns poemas escritos entre 2018 e 2020. Dividi-o em duas partes: "Poeminhas de Amar" e "Poemas do Espírito". Como os nomes das partes já apresentam, uma traz poemas sobre sentimentos e a outra traz poemas ligados a questões espirituais. Venho tentando, nos últimos tempos, utilizar um número mínimo de palavras para dar sentido ao poema e deixá-lo aberto a variadas interpretações. Nessa economia de palavras é que tenho experienciado um minimalismo individual de abertura de sentidos do poema. Espero que algum dos poemas aqui colocados chegue a te tocar...

Prefácio

Me deixem num canto apenas, que seja este canto somente,
Suspirar pela vida que nasceria apenas do meu ser!
Porque meu irmão pequeno é tão bonito como o pássaro amarelo,
E eu quisera dar pra ele o sabor do meu próprio destino
A projeção de mim, a essência duma intimidade incorruptível!...
(Mário de Andrade, Rito do irmão pequeno).

Em 1931, Mário de Andrade dedica *Rito do irmão pequeno* ao amigo poeta Manuel Bandeira. Quem leu as cartas que ambos trocaram ao longo dos anos pôde observar a relação profundamente amorosa entre os amigos, que falam da vida e da literatura, que trocam versos, que discutem o processo de criação, que dão palpites e sugestões para o texto do outro. É disso que é feita a amizade, num processo de entrelaçamento, quando lá pelas tantas, apesar de mantido o profundo respeito pela identidade, as ideias confundem-se, tornam-se irmãs, cúmplices. É assim com o amigo Walace Rodrigues, que me concede a honra de prefaciar seu livro de poemas, que nomeia pelo diminutivo "livrinho". Não escrevemos longas missivas, não haverá quem possa publicar nossa vasta correspondência, porque nossa amizade registra-se pelas linhas do virtual na efemeridade de diálogos via WhatsApp. Há poucos dias, apareceu ainda um hacker, obrigando-nos a encerrar um número e calando para sempre o que a memória ainda tinha reservado no aparelho de celular.

Quando conheci Walace, tive aquela sensação de amor à primeira vista. Irresistível. Ele é sempre luz, esta de que fala grande parte seus poemas. Trazia alegria e esperança ao nosso curso de Letras, com sua leveza, seu gosto pela arte, seu compromisso profissional. E era *Tão bonito como o pássaro amarelo*, com seus projetos, seus sonhos de viagem, sua dedicação ao trabalho, num ritmo invejável de organização e rapidez. Como sujeito de luz, desgosta de nós intrigas, tempo gasto à toa com inutilidades. Tem sede de amor, mesmo sabendo dos espinhos, dos tombos, das frustrações, o que o leva, em *Poema digital*, a escrever: "no meu blog tem você", ou, em *Pessoas*, a declarar que "a riqueza está em seus peitos".

No "anúncio" que abre seu novo livro, fala da distribuição dos poemas em duas partes, a dos poemas de amor e a dos dedicados ao espírito. Chegando aos do espírito, não é que encontramos ainda lá o amor, como tema afetante, atravessando toda a produção? Nessa segunda parte, ressalto a beleza de *Caminho*, com sua orientação profundamente religiosa, como uma oração, retomando versos do livro de Gênesis. Há ali uma orientação para os que buscam a conjunção com o divino: "e que cada qual deve ser bom". Talvez seja esse o texto que possa sintetizar o espírito do livro de Walace Rodrigues: traz o elemento primeiro da criação – Deus separando a luz das trevas; Deus criando o cosmos pelo verbo – que nos leva a pressentir que todo o conjunto é reflexão sobre o amor e a espiritualidade, numa perspectiva que não deixa de ser também política na medida em que ultrapassa a ética capitalista e neoliberal, que separa, categoriza, segrega, exclui.

A luz está no amanhecer que lhe traz esperanças; a luz está na sua imagem do celestial, traduzindo-se como espaço de perfeita comunhão, concebendo um céu plural, iluminado e solidário: "No céu não há portas / não há janelas / não há cortinas / há irmão ajudando irmão / há anjos de todos os tipos / há luz por todos os cantos".

A relação com a espiritualidade está também presente em *Homem da noite*, que nos dá elementos para a compreensão do próprio título do livro, *Entre ficar e ir: renascer* – "Na encruzilhada da noite / tem um homem de bem e mal / tem um negro doido louco / vivo, preso e quase solto / nessa rua de luar". Seria um dos Exus, referência a entidades da Umbanda? O poeta mobiliza o elemento espacial (encruzilhada) para falar da dimensão temporal (noite), como se a noite confrontasse caminhos e direções. Que direção seguir "enquanto todos dormem em paz"? O homem da noite é tanto bem quanto mal, a síntese, a liberdade, a subversão, entre "playboys e marginais". É o espírito amoral e transgressor, que vive sem julgar, imagem antitética do espaço angelical de pura luz, que o verbo divino separou das trevas.

Amor e espiritualidade ainda se fundem em *Simpatia* e a "saga de feiticeiro de araque". Que mágica garante a perpetuidade do amor? Colocar-se junto ao ser amado dentro do mesmo ovo não é trazer outra metáfora dos princípios, das origens da vida?

Também espiei algumas noites a casa de Cora Coralina, aguardando o anúncio de fantasmas, imaginando os que ainda vagariam na velha cidade de Goiás. Bebi também da bica, concebendo-a como água sagrada, a prometer inspirações poéticas. Mas a poesia não estava dada como benção das águas da velha bica sobre a casa, mas na palavra mesma, que Cora Coralina deixou para nós. A água talvez traga energia para o renascimento de que fala o título do livro de Walace, como num batismo, prenunciando salvação e nova vida.

Para além do encantamento das águas, o que temos é o encanto que se produz pela palavra quando se revela a natureza amorosa e espiritual do poeta e amigo Walace Rodrigues.

Luiza Helena Oliveira da Silva,

Doutora em Estudos da Linguagem pela Universidade Federal Fluminense – UFF, em novembro de 2020.

Palavrinhas

Este livrinho tem duas partes: "Poeminhas de Amar" e "Poemas do Espírito".

Os poemas foram nascendo, e eu os fui encaixando em uma dessas duas partes.

Entre as coisas do amar e as coisas do ser, fui bordando esses poemas.

Nascidos entre 2018, 2019 e 2020, cada um deles busca a simplicidade da linguagem e a grandeza da expressão.

É só uma busca!

Sumário

Parte I
Poeminhas de Amar

Parte II
Poemas do Espírito

Parte I
Poeminhas de Amar

Poeminha de amar

Na casa velha havia um porão
Escuro e vazio, sem servidão
Mas uma habitante, cheirosa e faceira
ficava por lá, só na brincadeira
Morava lá dentro, no escuro de breu,
achava que mundo era só o seu eu
Mas um dia chegou-lhe um facho de luz,
iluminando e mostrando que tudo reluz
Desse dia em diante passou a acreditar
que tudo no mundo pode mudar.

Mau caminho

Aquele mau caminho
é do bem.
Luzes e flores
travestis de todas as cores
circo, circo, circo
bailarinas negras
e motos de amores
Tudo reluz na beleza de ser.

Homem da noite

Na encruzilhada da noite
tem um homem de bem e mal
tem um negro doido louco
vivo, preso e quase solto
nessa rua de luar.
Salta noites e cachaças
nessa ordem admirável
de playboys e marginais.
Vive a vida na loucura
enquanto todos dormem
em paz.

Vida (I)

De tardes felizes
é feita a vida
De amores dolorosos e alegres
é feita a vida
De alegrias mensais
é feita a vida
De pessoas interessantes
é feita a vida
O resto que se exploda!

Sonhos

Sem os sonhos não há alegrias
Sem sonhos não há felicidade
Sem sonhos a vida é vazia
Sem sonhos não há caminhar
Sem sonhos não dá!

Poeminha triste

Se a tristeza
me invade
murcho
me acanho
me calo
me isolo
Tudo vira nada
e me repenso
e tento recomeçar

Calor

Nada de mais na porta da vida.
Nada de menos na casa da dor.
Temos fome de viver felizes.
A alegria comprada não basta,
pois há que haver humano calor.

Iluminação

Amanheci frio como o dia
e nada me faz feliz.
Coisas de quem pensa demais...
Acabei por resolver sair pra ver o sol
e ele me iluminou a alma.

Cidade insana

Os milhões de sacos de lixo
e as baratas de Lispector
não são o bastante para me enojar.
Tenho fome de frutas frescas
e de amores loucamente novos.
Nada muda o rumo da vida
se não há caminho a trilhar.
Penso em mim e no mundo.
Vejo tudo o que há.
Nada é tudo,
tudo é pouco,
detalhes de amar.

Rio bárbaro

Bárbaros da noite
bêbados da Lapa
lâmpadas da praça
ruas sujas de cerveja
prostitutas e malandros
tudo isso o Rio tem.
Também tem praia
e gente boa.
Sanduba de bar
e frango à metade.
Pelas ruas de Copacabana
descobre-se a noite.

Tudo

Grito na noite do Tocantins
e rios me chamam sem parar
nada de caldos e bênçãos
eu quero é amar e amar.
Só beijos e suspiros,
só jantares e bebidas.
Tudo é vida,
tudo é mato,
tudo é rio,
tudo é água que passa.

Ponto

Acordei enlouquecido
para cantar essa lira
de dor e solidão
de estar no mundo sozinho
e de pensar na cara das gentes
Tenho fome de sentimentos profundos
e de vida de sonhos de valsa.

Aconchego

Ninguém resiste a carinho
Ninguém resiste ao amor
Ninguém vive sem luz
Ninguém vive sem calor
O coração é que faz
a mente da gente viver.

Vida e poesia

A vida é tão maior do que escrevemos dela...
Nenhuma palavra (ou união delas) dá conta da vida,
de seus jeitos e seus afagos.
Nenhuma poesia consegue contê-la nos versos.
A vida é muito mais do que força espiritual
e a palavra é fraca ferramenta para decifrá-la.

Campo cheiroso

No interior do mato,
onde o céu mostra as estrelas,
onde a noite tem lua cheia,
onde os riachos nos guiam com seus ruídos,
tudo é festa de cheiros.
Pobres daqueles citadinos
que nunca ficaram no campo.

De Minas

As ladeiras de Minas têm poesia
A comida de Minas tem poesia
As montanhas de Minas têm poesia
Os minérios de Minas têm poesia
As pessoas de Minas têm poesia
E os poetas de Minas tem maestria.

Poetas

No nascedouro da alma do poeta
tem uma água cristalinamente azul.
Na mão do poeta se encontra a força,
a força das palavras
e a ousadia da novidade.
Poesia tem sentimentos, cheiros e gostos.
Tudo tem na poesia
quando o poeta é dos bons.

Vida (II)

Crescemos mais que nossos pais,
mas não somos nossos pais.
Sempre cremos que podemos melhorar,
mas nem sempre o fazemos.
E o relógio da vida é duro
e passa rápido.
Toda dor tem que ter perdão
e todo amor deve ser doado.

Renascer

Na dura vida de todo dia
todas as coisas importam
A porta que se abre
e os machucados da caída
Tudo e cada coisa são vidas
Cada detalhe e cada respiro
são esperanças para amar
Se a luz do sol brilha
é porque é tempo de renascer.

Poema digital

No meu blog
blogo tudo:
vida
arte
cor
prazer
fome
diversão
coração
Nada de medos
de viver
No meu blog tem você.

Vida (III)

O que importa
na vida
é vida
Tudo que se move
Tudo que respira
Tudo que tem sopro
de vida
dentro de si

Mundo

Nas esquinas do mundo
encontrei pedras
amores
doces
feitiços
enredos
deleites.
Tudo há no mundo:
pedras
amores
doces
feitiços
enredos
deleites.
Nada se leva do mundo

O ovo de Clarice

O mundo fica nu
sem o ovo
de Clarice.
Ovo = vida
metáfora da poesia

Zabé da Loca

Ela morreu
A música continua
O pífano continua
A vida continua
Zabé da Loca
continua
no vento
na loca
no sertão do Cariri.

Quero tanto...

Quero tanto...
amar e ser amado
beijar e ser beijado
ter o sol sempre por perto
e os cantos dos pássaros a meu redor
as manhãs sempre frias
e as noites sempre estreladas
as crianças a brincar
e a comida farta na mesa
Quero tanto...

Para meu filho Alex

Passei despercebido pela vida
sem te encontrar
Passei até aqui
e o melhor foi te abraçar
te ver chegar
engatinhar
Cada dia de alegria
cada noite sem dormir
Quero te ver crescer
falar línguas que não sei
ver gentes que não vi
Tudo é estrelas
desde o dia em que você
chegou pra mim.

Amar

Cutuquei as montanhas
e encontrei as rachaduras
as águas
os riachos
os verdes pastos
os brilhos do teu ar
Tudo é amar
Tudo é amar
Tudo é amar.

Fora do mundo

Gosto dos menores
dos mais fracos
dos renegados
dos mais frágeis
dos injustiçados
dos recusados
dos pequeninos
Vejo neles a grande força
da fragilidade
e da bondade
Enxergo neles a leveza
de buscar ser no mundo
e ser fora do mundo.

Acidez

Sou viado sim.
E daí?
Sou mestiço sim.
E daí?
Sou pobre sim.
E daí?
Sou latino-americano sim.
Na tua acidez
encontro meu caminho.

Bahia

Se a baia
é de todos os santos
o Axé é de todos nós.
Jogue as armas no chão.
Brigue não
brigue não!

Travessia

Há que atravessar-se
Passeio de vida
Fôlego de alma
Movimento
Abandono
Novidades tardias

Águas

Todo ano
água vai
água vem
Elas chegam
tudo carregam
tudo levam
tudo aliviam

Bicha preta

Bicha preta
da quebrada
Sensual-sexual
Pretume da vida
Sentimentos
mesmos que os teus

Ventos

Os ventos frios do outono
me trazem notícias de longe...
Lembranças de lugares e coisas
Pensamentos de gentes outras
Felicidades e amores soltos
Volto a dormir
sem pensar no vento frio.

Pessoas

As pessoas são maiores
que lugares,
que dinheiros,
que olvidos.
A riqueza está em seus peitos.
Tudo de bom
que as pessoas fazem
transforma o mundo

Brigamos

Brigamos muito
Brigamos pouco
E na rouquidão da noite
Sem sexo
Sem rosto
Sem nuvens
Brigamos mais
E lutamos por tudo
E por nada
Tem momentos
Em que tudo emperra
A porta
A janela
As saídas

Morrer

A vida não está no Facebook
Dores e amores não estão no Facebook
Tenho sonhos pendurados
que parecem calos no pé
Durmo com dores
e acordo pensando no sol
Nada me abala
Nada me sangra
Só a morte me cala.

Brilhar

(para Pedro Paulo Ribeiro Mariosa, a Pepéia Mariosa da Lapa)

Ela veio para brilhar
tendo a Lapa como lar
Dia chuvoso não a abatia
ela amava todo dia
Foi sem me dizer adeus
na busca de seu marido europeu
Sempre alegre, sempre bem
amava sem olhar a quem
Viva na luz, minha amiga!
Teu lugar é no Eterno da cantiga!

Minha amada

(para Cora Coralina)

A casa de minha amada
tem uma fonte de água pura
Busquei-a em todos os cômodos
mas lá não estava
Bebi seu cheiro
no quarto vazio
e em sua bica
bebi água pura da fonte
Inspiro saudades
Tenho fome de poesia
e seu nome é Cora.

Buscando

Busquei por Maria de Cora
na casa grande da ponte
Não vi ninguém
nem seus fantasmas
Tenho ânsias de versos
e angústias de carinhos perdidos.
Na rede de Maria me deito
e procuro pelas estrelas
da noite.

Cidade da amada

Na cidade de minha amada
tudo é amores e liras
Nessa Goiás de ontem
e de hoje sempre
Sinto o perfume da amada
Amar é ter sentido
de que a vida vale a pena
E a pena escreve rimas
onde nunca ouvi lamentos.
E bebo da bica de poesia.

Andarilhos

Os andarilhos
me contam coisas
de gentes
espaços
lugares
veredas
passeios.
Tenho fome de vazio
Tenho sede de vagar
Tenho lutas pra esquecer
e caminhos de amar.

Andarilho

Qual o força que te move
nesse caminhar sereno?
Nesse andar devagar?
Quais as dores que te movem?
Quais as mágoas que te doem?
Compartilho contigo
o aperto no peito
e a incerteza de viver.

Relação

D'outro lado

Do outro lado
tem Angola
D'outro lado
do mar grande
tem África
tem cor
tem sabor
tem vigor
D'outro lado
vejo vizinhos
amigos
companheiros
destemidos
D'outro lado
vejo dança
e alegrias
Somos todos
d'outro lado

Casa de amor

Quero construir
uma casa de amor
com trabalho
e suor
e valores
dos mais profundos
Para encher essa casa
de luz
e de sonhos.

Simpatia

Eu te amarrei
no ovo
Botei teu nome
e cozinhei
como cozinho
amores densos
tensos
frágeis
Tenho saga
de feiticeiro
de araque

Luizinha

(para Luíza Helena Oliveira da Silva)

Luizinha
pequenina
tem doce
no sorriso
e cheiro
de carinhos
e amigos
felizes
da vida
dela.

Poeminha pequenino

Poeminha pequenino
que na noite se desfaz
tenha dó desse mortal
dessa alma, desse cais
Porto firme já não tenho
vida nova quero mais
sempre, sempre busco o novo
lua cheia, calma e paz

O que cabe no poema

O amor não cabe no poema
A dor não cabe no poema
A alegria não cabe no poema
A vida não cabe no poema
A esperança não cabe no poema
A tristeza não cabe no poema
A menina não cabe no poema
Só palavras cabem no poema
Só matéria semiótica cabe no poema
Só sentidos cabem no poema
Só espelhos cabemos no poema

Arte

Minha arte é tão pequena!
Tristeza que vem no sangue
dos portugueses do Norte
das terras de Trás-os-Montes.
Sangue de pobres e fortes.
Gentes de distâncias,
de fardos e fados de almas
e de laços de terra.

Viagem

Viver é viagem
improvável
de perdas
e ganhos
de altos
e baixos
de lutas
de razão
de emoção
Caminhada
de erros
e acertos
de machucados
e afetos
de amar sem retorno
de amores perdidos
de amores que ficam
de cheiros e gostos
e simplicidades

Parte II
Poemas do Espírito

Pergunta

Deus me viu
e perguntei-Lhe
qual era o sentido de viver
A resposta veio rápida:
AMAR

No céu

No céu não há portas
não há janelas
não há cortinas
há irmão ajudando irmão
há anjos de todos os tipos
há luz por todos os cantos

Nascer

Nascer, morrer,
nascer, morrer,
nascer, morrer,
até virar gente grande
com coração transbordante

Caminho

E a Luz se fez verbo
e habitou nessa terra
de homens perdidos
e mulheres sem caminho
E a Luz veio nos mostrar
que cada passo conta,
que cada decisão é importante,
que cada afeto é valioso,
que cada um tem seu caminho
e que cada qual deve ser bom.

Morada

Quando acordei
era dia claro
era dia sempre
era dia, sim
Era luz pra sempre
era amor pra sempre
era calmo, sim
Nesse lugar de sonhos
tudo deve ser melhor
tudo deve ser maior
tudo tem sentido, sim

Aquele homem

E Aquele homem
veio dar exemplo,
nos mostrar como é,
nos dizer como deve ser.
Sua lição é certa:
Deus é amor,
Deus é a luz do mundo,
o caminho,
verdade e vida.

Aprender a amar

Aqui aprendemos muito
do outro lado aprendemos muito.
Sempre é tempo de aprender.
É sempre tempo de amar,
pois só o amor sabe,
só o amor vê dentro,
só o amor compensa viver.

No *caminho do rio*

Onde mora o rio
Atalho
Passa a água
Remendo
Corre o vento
Sorrio
Brinca a pedra
Pasto
Grita o sapo
Arrepio
Segue a vida
Estrada

Máscaras

Não gosto de conhecer poeta
ou ator
ou pintor
ou escultor
qualquer artista que seja
pois a máscara cai
e fica difícil
lembrar da beleza
das obras
Criação
não
é
criador

Caminho

Cansado de esperar
nasci mais cedo
vi o sol subir amarelo e lindo
nada de amores tardios
quero vida nova e novos ares
Coisas boas virão!

Espera

Esperei
o inesperado
no momento
mesmo
da vida
Nada surgiu
de novo
e fui
dormir
para sonhar
com luzes

Corpo nosso

Corpo
casa das memórias
Alma
casa das angústias
Você
local de amar

O mundo

No mundo há mais idiotas
do que bondosos
há mais pessoas más
do que felizes
há mais estúpidos
do que brincalhões
O mundo tá uma merda!

Hoje

Hoje
apesar
de todos os problemas,
eu
decidi
ser
feliz!

Silêncio

Amanheci
com o silêncio
Queria gritar
mas respeitei
o momento
Escutei
o silêncio
Não consegui
dormir mais
Amanheci
em mim mesmo

Tudos

Cores
Dores
Amores
Isolamentos
Gentes
Personagens
Autorretratos
Famílias
Lugares
Dores
Pudores
Amores

Viver

Nas sutilezas
do viver
sorrir e amar
é brincar
Servos do tempo
na vida a dois
tudo, todos, nós
Nas sutilezas
do viver
sorrir e amar
é brincar

Silêncios

Ouço a tranquilidade
do silêncio
seus sons
são distintos
como os brancos
nas paredes
da vida